REQUÊTE

PRÉSENTÉE PAR LA SOCIÉTÉ

DE L'ÉCOLE IMPÉRIALE DES CHARTES

A L'EFFET D'ÊTRE RECONNUE

COMME ÉTABLISSEMENT D'UTILITÉ PUBLIQUE

PARIS,

IMPRIMERIE SIMON RAÇON ET COMPAGNIE

RUE D'ERFURTH, 1.

1854

REQUÊTE

LA SOCIÉTÉ DE L'ÉCOLE IMPÉRIALE DES CHARTES

A L'EFFET D'ÊTRE RECONNUE

COMME ÉTABLISSEMENT D'UTILITÉ PUBLIQUE (¹)

———

A Son Excellence M. le Ministre de l'Instruction
publique et des Cultes.

Paris, le 25 avril 1854.

Monsieur le Ministre,

La Société de l'École impériale des chartes sollicite du gouvernement
l'honneur d'être reconnue comme établissement d'utilité publique. Après
quinze ans de travaux et d'efforts continus, qui lui ont conquis l'estime
et la faveur des érudits français et étrangers, elle croit pouvoir aspirer à
cette récompense élevée, et s'être rendue digne de prendre un rang offi-
ciel parmi les associations qui ont bien mérité de la science et du pays.

Chargé par mes confrères de vous exprimer leur désir et de m'appli-
quer à le justifier, je ne saurais, monsieur le Ministre, m'acquitter de
cette tâche sans entrer dans quelques développements sur le but et l'organisation de la Société, sur son œuvre collective et les travaux individuels de ses membres, sur les encouragements et les récompenses que

———

(1) Cette requête est adressée à M. le Ministre de l'Instruction publique en conséquence de
décisions prises par la Société dans ses séances des 4 août 1853 et 30 mars 1854.

ces travaux leur ont valus, sur les fonctions rétribuées ou honorifiques, distinctions, grades, titres et missions, que la plupart d'entre eux ont obtenus, et enfin sur la manière dont ils ont administré leurs intérêts communs, c'est-à-dire sur la situation financière de l'association. J'ose espérer, monsieur le Ministre, que ces détails ne vous paraîtront pas superflus, puisque ce sont les titres mêmes que la Société invoque à l'appui de sa demande, et dont elle soumet l'appréciation à votre haute bienveillance : je prendrai donc la liberté d'appeler successivement l'attention de Votre Excellence sur les divers points que je viens de lui signaler.

I. But et organisation de la Société.

La Société de l'École des chartes a été fondée, en 1839, par les anciens élèves de cette École, qui se proposaient ainsi de remédier à leur isolement, de prolonger des relations commencées par des études communes, et de publier un recueil périodique, consacré à l'étude de l'histoire et de la littérature, d'après les documents originaux.

Depuis lors, à quelques rares exceptions près, tous les élèves qu'a formés l'École des chartes sont venus successivement, et viennent encore, chaque année, se joindre aux fondateurs et apporter leur concours à l'œuvre commune. Ainsi recrutée, la Société, loin de courir le risque de s'éteindre, ne peut que s'accroître rapidement, comme elle l'a fait depuis quinze ans, et cela tant que durera l'École elle-même. Et plus les études de cette École deviendront fortes et sérieuses, en obéissant au mouvement que leur a si heureusement imprimé la réorganisation de 1847, plus aussi les nouveaux membres qui viendront s'agréger à l'association contribueront à en augmenter les forces, et lui donneront les moyens de développer, de varier ses travaux, de multiplier les titres qu'elle a déjà acquis à la faveur du gouvernement et du public lettré.

Si l'association ne court pas le risque de s'éteindre, faute de pouvoir se recruter, elle n'est pas non plus exposée à se dissoudre. Composée exclusivement d'anciens élèves de l'École des chartes, elle est plus homogène qu'aucune société littéraire ou savante, et par là elle a plus de chances de durée et d'avenir. Le recueil qu'elle publie, qui est la propriété de tous et reçoit les travaux de chacun, est un autre lien puissant qui unit ses membres entre eux, et comme un centre vers lequel convergent sans cesse toutes les forces sociales.

Ainsi, monsieur le Ministre, tout semble concourir à assurer le maintien et le développement prospère de notre Société. Pour atteindre plus sûrement ce but, elle s'est donné des statuts, qui, après plusieurs révisions et modifications successives, ont reçu récemment une forme définitive, arrêtée par l'expérience : elle les joint à cette demande, et les soumet à l'approbation de l'autorité.

II. Œuvre collective et travaux individuels des membres de la Société.

Une disposition de l'ordonnance royale du 11 novembre 1829 arrêtait que les travaux des élèves seraient imprimés aux frais de l'État dans un recueil intitulé : *Bibliothèque de l'École des chartes.* Ce fut cette disposition, rapportée le 1er mars 1832, qui suggéra aux fondateurs de la Société, en 1839, la pensée et le titre de l'œuvre collective qu'ils se proposaient de publier.

La *Bibliothèque de l'École des chartes*, imprimée, non plus aux frais de l'État, mais aux frais de la nouvelle association, commença à paraître le 1er novembre 1839.

La première livraison du recueil annonçait qu'il serait publié tous les deux mois, par numéros de cinq à sept feuilles d'impression, et formerait chaque année un volume grand in-8° de trente-six à quarante feuilles. Ces promesses ont été tenues exactement; et le succès, qui dès l'abord était assuré à notre entreprise, n'a cessé de la favoriser et de la conduire à la situation prospère où elle se trouve aujourd'hui.

Cette faveur s'explique aisément : « Jusqu'alors rien d'analogue n'avait « encore paru. La publication intitulée *Journal des savants* embrasse trop « d'objets divers pour offrir quelque rapport avec l'œuvre dont nous al- « lons rendre compte. La même chose peut se dire de la fameuse collec- « tion des *Mémoires de l'Académie des inscriptions et belles-lettres.* Quant « aux revues qui depuis une vingtaine d'années courent le public, ce sont « des écrits plutôt littéraires que scientifiques, mieux faits pour délasser « l'esprit que pour donner des notions solides et complètes. En promet- « tant de se consacrer à des sujets nationaux, de ne reproduire que des « pièces inédites, la *Bibliothèque de l'École des chartes* annonçait donc « une exploration entièrement neuve, et, comme elle joignait à cela une « forme plus moderne que celle des autres productions savantes, elle se « montrait en tout point digne d'une institution créée dans l'intérêt des « études historiques..... Dans l'étude de l'histoire, la Société ne s'est pas « montrée moins fidèle à ses promesses qu'en traitant les questions litté- « raires ou philologiques. Les annales du pays ont été, avant tout, le « sujet de ses travaux. Les pièces inédites, les matériaux qu'elle a mis « en œuvre, les notices biographiques publiées par la Société, forment « déjà une masse considérable. » (*Moniteur universel*, 24 novembre 1845, 3 mars et 4 juillet 1846.)

La Société a pris ce témoignage au hasard parmi tous ceux qu'à diverses reprises la presse française à rendus à la *Bibliothèque de l'École des chartes*. Il serait facile d'y ajouter celui des savants les plus distingués de l'Europe. J'aurai l'orgueil, monsieur le Ministre, au nom de l'association que j'ai l'honneur de présider en ce moment, de me borner à rappeler ici l'objet de notre publication et de placer sous vos yeux l'indication sommaire des principaux articles contenus dans les quatorze premiers volumes et dans la partie du quinzième qui a paru jusqu'à ce jour.

La *Bibliothèque de l'École des chartes* est surtout consacrée à l'étude de l'histoire et de la littérature d'après les documents originaux. L'histoire nationale, dans l'acception la plus large et la plus compréhensive de ce mot, doit donc y occuper la première place; mais les éditeurs n'oublient pas cependant que l'École des chartes, établie pour explorer le vaste héritage que le moyen âge a légué à nos bibliothèques et à nos archives, peut, sans faillir à l'esprit de son institution, s'occuper des débris de l'antiquité classique, et ils s'estiment heureux de pouvoir rencontrer quelque fragment de la belle latinité sur ces mêmes feuillets où sont consignés l'histoire de nos pères et les premiers essais de notre littérature.

Le tableau qui suit donne une idée de l'importance et de la variété de ce recueil, dont chaque numéro contient des monuments inédits ou des travaux sur divers points de critique historique ou littéraire, un bulletin bibliographique destiné à l'examen des ouvrages les plus importants qui paraissent sur l'histoire, l'archéologie ou la philologie; une liste complète de tous les ouvrages de ce genre publiés dans toutes les parties du monde et dans toutes les langues; enfin, une chronique spéciale dans laquelle sont mentionnés les faits et les découvertes qui intéressent l'érudition.

LISTE DES PRINCIPAUX ARTICLES

DE LA BIBLIOTHÈQUE DE L'ÉCOLE DES CHARTES (1).

JURISPRUDENCE.

Des juridictions privées ou patrimoniales sous les deux premières races, par M. Pardessus, de l'Institut. — Des impositions publiques dans la Gaule depuis l'origine de la monarchie des Francs jusqu'à la mort de Louis le Débonnaire, par M. Guérard, de l'Institut. — Fragment d'un commentaire inédit sur la loi salique (tit. 1er : *De mannire*), par M. Pardessus. — La terre salique, par M. Guérard. — Formule inédite relative à la curie de Bourges, publiée et commentée par M. Pardessus. — Notice sur les manuscrits de formules relatives au droit observé dans l'empire des Francs, suivie de quatorze formules inédites, par le même. — Formules inédites, publiées d'après un manuscrit de la bibliothèque de Strasbourg, par M. E. de Rozière. — De la formule *cum stipulatione subnexa*, par M. Pardessus. — Charte inédite du septième siècle (697), publiée par M. Teulet. — Jugement lombard, rendu en 762, publié par M. Bordier. — Duel judiciaire entre des communautés religieuses (1098), par M. Marchegay. — Testament d'un chevalier mourant sous les armes (douzième siècle). — De la juridiction exercée par la cour féodale du roi sur les grands vassaux de la couronne pendant les douzième et treizième siècles, par M. Pardessus. — Mémoire sur l'arrêt de la cour des pairs de France qui condamne Jean Sans-Terre, par M. Beugnot, de l'Institut. — Loi de Beaumont (texte inédit), par M. H. d'Arbois de Jubainville. — Anciennes coutumes inédites d'Alais, par M. Beugnot. — Traité de l'office du Podestà dans les républiques de l'Italie, extrait du Trésor de Brunetto Latini, par M. Lenormant, de l'Institut. — Supplique d'un chevalier contre un déni de justice (treizième siècle), par M. Douët d'Arcq. — La charte aux Normands (1315), par M. Floquet. — Documents des treizième et quatorzième siècles relatifs à la peine du bannissement, par M. E. Janin. — Protêt d'une lettre de change fait à Gênes, le 14 novembre 1384, communiqué par M. Royer-Collard, professeur à la faculté de droit de Paris. — Commentaire sur un document inédit, relatif à la coutume de Paris et à la jurisprudence du parlement au quatorzième siècle, par M. Bordier. — Tentative de rapt commise sur une épicière de la rue Saint-Denis en 1405, par M. Le Roux de Lincy. — Les demandes que le roi fait des coutumes de fief à l'usage de France, document publié par M. Bordier. — Procès criminel intenté pour violation du droit d'asile dans la personne d'un alchimiste (1455-1457), par M. Marion. — Procès criminel intenté à Jacques de Brézé, au sujet du meurtre de

---

(1) On a omis dans cette table la plupart des articles sans nom d'auteur, les articles bibliographiques, qui ont quelquefois une assez grande étendue, et la chronique où sont souvent rapportées des inscriptions et des pièces inédites.

Charlotte de France, sa femme (1477), par M. Douët d'Arcq. — Recherches sur la minorité et ses effets dans le droit français, par M. H. d'Arbois de Jubainville. — Recherches sur les opinions et la législation en matière de mort volontaire, par M. Bourquelot. — Des droits de justice et des droits de fief, d'après M. Championnière, par M. Bordier. — Traites et droits de douanes dans l'ancienne France, par M. C. Dareste. — Note sur l'origine de l'exécution parée, par M. R. Dareste. — Précis de l'ancien droit coutumier français, par M. Ch. Giraud, de l'Institut. — Essai historique sur les archidiacres, par M. Adrien Gréa. — Ordonnances inédites de Philippe le Bel et de Philippe le Long sur la pêche fluviale, par M. H. Duplés-Agier. — Des appels en cour de Rome, par M. Ch. Grandmaison. — Explication du capitulaire *de Villis* par M. B. Guérard, de l'Institut. — Essai sur l'asile religieux dans l'empire romain et la monarchie française, par M. Ch. de Beaurepaire. — Formules inédites publiées par M. de Rozière. — Mémoire sur le régime des terres dans les principautés fondées en Syrie par les Francs à la suite des croisades, par M. le comte Beugnot, de l'Institut. — Ordonnance somptuaire inédite de Philippe le Hardi, par M. Duplés-Agier.

HISTOIRE LITTÉRAIRE.

Pensées de Varron, d'après un manuscrit de la bibliothèque d'Arras, publiées par M. J. Quicherat. — Fragments inédits de littérature latine; seize morceaux du troisième au sixième siècle de notre ère, publiés par le même. — Invocation à l'Éternel, traduite du grec par Tibérianus, vers inédits du quatrième siècle, publiés par le même. — Neptune volé par un pêcheur; déclamation en vers latins d'un écolier de la décadence, par le même. — Fragment d'un comique du septième siècle, publié par M. Ch. Magnin, de l'Institut. — Vers inédits de Charlemagne, trouvés dans la bibliothèque du Mont-Cassin et publiés par M. de Montrond. — Fragments inédits de deux romans grecs, publiés par M. Ph. Lebas, de l'Institut. — La chanson de Roland (édition de M. F. Génin), par M. P. Paris, de l'Institut. — Lettre inédite d'Abailard à Héloïse, publiée par M. A. Le Noble. — Vers d'Abailard à son fils Astralabe, nouvelle leçon, publiée par M. R. Dareste. — Notice sur l'*Hortus deliciarum*, encyclopédie manuscrite, composée au douzième siècle par l'abbesse Herrade de Lansberg, par M. Le Noble. — Le livre de Géta et de Birria, ou l'Amphitryonéide, poëme latin du treizième siècle, composé par Vitalis de Blois, et publié par M. A. de Montaiglon. — Analyse du roman de Godefroi de Bouillon, par M. Le Roux de Lincy. — La vie et la mort de saint Thomas de Cantorbéry, par Garnier de Pont-Sainte-Maxence, poëme analysé par le même. — De la poésie provençale en Italie, par M. Fauriel. — Notice sur une chronique inedite du treizième siècle, par M. N. de Wailly, de l'Institut. — Examen critique de la vie de saint Louis, par Geoffroi de Beaulieu, par le même. — Sur l'authenticité d'une lettre de Thibaut, roi de Navare, relative à la mort de saint Louis, par M. Letronne, de l'Institut. — Chansons historiques des treizième et quatorzième siècles, publiées par M. Le Roux de Lincy. — Recherches sur les auteurs des Grandes Chroniques de France, dites de Saint-Denis, par M. Lacabane. — Notice d'un mystère par personnages, représenté à Troyes, vers la fin du quinzième siècle, par M. Vallet de Viriville. — Notice d'un mystère par personnages, du quinzième siècle, tiré de la bibliothèque d'Arras, par le même. — Henri Baude, poëte du quinzième siècle, par M. J. Quicherat. — Chronique rimée de Guillaume Ledoyen, par M. Eugène de Certain. — Une lettre familière de Louis XI. — Ballade pour le cardinal La Ballue. — Vers composés par le roi Charles VIII. — Histoire de la publication des livres de Pierre du Puy, sur les libertés de l'Église gallicane, par M. Gabriel Demante. — Des travaux des bollandistes et de la continuation des *Acta sanctorum*, par M. Delpit. — Lettre du chancelier Séguier, relative au poëte Adam Billaud (1648). — Lettres inédites de Pierre Corneille, publiées par M. C. Port. — Une satire inédite de Boileau, publiée par M. L. Passy. — Relation d'une chasse du roi, pièce inédite de La Fontaine, publiée par M. C. Port. — Lettres inédites de madame la duchesse de Longueville, sœur du grand Condé, publiées par M. Victor Cousin, de l'Institut. — Lettres inédites de mademoiselle de Vertus à madame la marquise de Sablé, publiées par le même. — Lettres inédites de madame de Grignan et de l'abbé de Coulanges, publiées par M. Vallet de Viriville. — Lettre inédite de Bossuet sur la mort d'Henriette-Anne d'Angleterre, duchesse d'Orléans (juillet 1670), publiée par M. Floquet. — Séances publiques de l'Académie des inscriptions et belles-lettres (1849-1851), compte rendu par M. F. Guessard. — Corrections et additions à la correspondance imprimée de madame de Sévigné, par M. Ludovic Lalanne. — Solution des problèmes proposés par Chosroès. Traité inédit de Priscien le philosophe, par M. J. Quicherat. — Madame la comtesse de Maure et mademoiselle de Vandy, par M. Cousin, de l'Institut.

PHILOLOGIE.

Fragment inédit sur les figures de rhétorique, morceau attribué au siècle d'Auguste, publié par M. J. Quicherat. — L'*Advis et devis des lengues*, traité de philologie, composé en 1563, par François de Bonivard, publié par M. Bordier. — Fragment d'homélie en langue celtique, publié par M. Ad. Tardif. — Historique du Glossaire de la basse latinité de Du Cange, par M. Géraud. — Grammaires romanes inédites du treizième siècle, publiées par M. F. Guessard. — *Las Flors del gay saber*. édition de M. Gatien-Arnoult, par le même. — Du système de M. Raynouard sur l'origine des langues romanes, par M. Fauriel — Étude sur la langue française, à propos de l'ouvrage posthume de Gustave Fallot, par M. Francis Wey. — Examen critique de l'*Histoire de la formation de la langue française*, de M. Ampère, par M. Guessard. — Examen critique de l'ouvrage intitulé *Des Variations du langage français depuis le douzième siècle*, de M. Génin, par le même. — De la négation dans les langues romanes du midi et du nord de la France, par M. Alfred Schweighœuser. — Essai sur la langue de La Fontaine, par M. Ch. Marty-Laveaux.

HISTOIRE DE FRANCE.

1° *Histoire générale.*

Institutions et géographie de France, par M. B. Guérard. — De la formation de l'état social, politique et administratif de la France, par le même. — Restitution d'un poëme barbare relatif à des événements du règne de Childebert I, par M. Lenormant. — De la décadence carlovingienne, par M. Auguste Himly. — Deux chartes inédites de Charles le Chauve (847? 852). — Diplôme inédit de Charles, roi de Provence (862), publié par M. de Mas-Latrie. — Les routiers au douzième siècle, par M. Géraud. — Lettre adressée en Égypte à Alphonse, comte de Poitiers, en 1250, publiée par M. Saint-Bris. — Du cœur de saint Louis. — Dissertations sur l'histoire de France au quatorzième siècle : mort de Philippe le Bel, avénement de Louis le Hutin (1314), par M. Lacabane. — Mandement de Philippe le Long, relatif aux juifs de Troyes, publié par M. Ph. Guigniard. — Des grandes compagnies au quatorzième siècle, par M. de Fréville. — Complainte sur la bataille de Poitiers, publiée par M. Charles de Beaurepaire. — Mémoire sur la mort d'Étienne Marcel (1358), par M. L. Lacabane. — Acte d'accusation contre Robert Le Coq, évêque de Laon (1358), publié par M. Douët d'Arcq. — Ballade inédite d'Eustache Deschamps sur la sédition des maillotins, en 1382. — Sur une charte inédite et secrète de la reine Isabelle de Bavière, par M. J. de Pétigny. — Les Vaudois au quinzième siècle, par M. F. Bourquelot. — Fragments inédits de Georges Chastellain, publiés par M. J. Quicherat — Rapport adressé au roi sur les doléances du clergé aux états généraux de 1415, publié par M. J. Marion. — Lettre sur la bataille de Castillon en Périgord, en 1453. — Relation de Jean de Chambes, envoyé du roi Charles VII auprès de la seigneurie de Venise (1459). — Rapport au grand conseil de Louis XI sur les abus et les scandales de la Cour des aides, en 1468. — Combat de François Ier contre un sanglier, document de 1515. — Procès-verbal des délibérations tenues à l'hôtel de ville de Paris pendant la captivité de François Ier, publié par M. Le Roux de Lincy. — Note sur l'édit de Paris de 1563, par M. A. Le Noble. — Lettre du maréchal de Montluc, de 1570. — Ambassade de don Pèdre de Tolède en France, et Satire sur l'entrée de six seigneurs à Fontainebleau en 1608, par M. E. de Fréville. — Fragments des mémoires inédits de Dubois, valet de chambre de Louis XIV, par M. L. Aubineau. — Observations sur le journal de l'avocat Barbier, par M. L. Lalanne. — Fragment d'un tableau de l'ancienne France municipale, par M. Augustin Thierry, de l'Institut.

2° *Histoire locale.*

Répression de désordres commis aux environs d'Agde par un partisan du comte d'Armagnac (1470). — Inventaire des vieilles armes conservées au château d'Amboise, du temps de Louis XII, sept. 1499. — Système financier de la ville d'Amiens depuis 1385, par M. Delpit. — Notice sur un volume de comptes des ducs de Bourgogne, publié par M. de la Borde, par M. Douët d'Arcq. — Notice sur l'abbaye de La Bussière (Côte-d'Or), par M. J. Marion. — Siége de Carcassonne, par R. Trencavel, en 1240, document publié par M. Douët d'Arcq. — Donation à l'abbaye de Cluny du monastère de Hiero-Komio, près de Patras, en 1210, publ. par M. de Mas-Latrie. — Mémoires sur les deux prétendues délivrances de Condom, en 1369 et 1374, par M. Léon Lacabane — Notice sur un traité inédit intitulé : *Miracula ecclesiæ Constantiensis*, par M. L. Delisle. — Lettres d'Etienne Bernard, maire de Dijon, sur l'assemblée des états généraux de la Ligue, en 1593, communiquées par M. Garnier, archiviste de la ville de Dijon. — Document statistique inédit sur le subside levé pour la guerre de Flandre, en 1328, publié par M. Dureau de la Malle. — Les marques de la magistrature de Langres, par M. Vallet de Viriville; — Mémoire sur une tentative d'insurrection organisée dans le Magne, de 1612 à 1619, au nom du duc de Nevers, par M. Berger de Xivrey, de l'Institut. — Fragments inédits d'une chronique de Maillezais (1236-1450), publiés par M. Marchegay. — Exécution faite à Marmande, en 1453, de douze femmes accusées de sorcellerie — Nom donné à la Marne par un poëte du douzième siècle, par M. L. Lalanne. — Critique de deux diplômes commerciaux des villes de Marseille et de Trani sur l'Adriatique, par M. de Mas-Latrie. — Charte inédite de l'an 1138, relative à l'histoire des vicomtes de Melun, dissertation par M. Duchalais. — La charte de Méru en Beauvoisis (1191), publiée par M. Douët d'Arcq. — L'abbaye de Moissac, par M. J. Marion. — Documents sur le commerce maritime du midi de la France (Montpellier, etc.), par M. de Mas-Latrie. — Chartes des huitième et neuvième siècles, provenant de l'abbaye de Noaillé, près Poitiers (780, 808, 848), publiées par M. Redet. — Fragment d'un mémoire sur les invasions des Northmans sur les bords et au midi de la Loire (873-876), par M. Paillard de Saint-Aiglan. — Des revenus de la Normandie au douzième siècle, par M. Delisle. — Le clergé normand au treizième siècle, par le même. — Correspondance entre le corps municipal de Paris et celui de Noyon, en 1413, par M. F. Bourquelot. — Chronique du siège d'Orléans et de l'établissement dans cette ville de la fête du 8 mai 1429, publiée par M. Salmon. — Chartes inédites du huitième siècle, relatives à des lieux sis à Paris et aux environs, par M. Bordier. — Titre de l'an 1219, relatif à la corporation des drapiers de Paris, publié par M. Leroux de Lincy. — Recherches sur l'histoire de la corporation des ménétriers de Paris, par M. Bernhard. — Emeute de l'université de Paris en 1453, par M. Douët d'Arcq. — De la chute et de la reconstruction du pont Notre-Dame à Paris (1499-1510), par M. Leroux de Lincy. — Election du député de la prévôté de Paris aux états généraux de 1558, par M. Taillandier. — Documents historiques inédits, tirés des archives de Poitiers, par M. Berger de Xivrey, de l'Institut. — Sur la communauté de la ville de Rennes, depuis le quinzième siècle, par M. C. Dareste. — Rouen et son commerce maritime depuis Rollon jusqu'à la prise de la ville par Philippe-Auguste (912-1204), par M. E. de Fréville. — Requête en vers français, adressée le 23 février 1750 au Parlement de Normandie par les suppôts de la basoche de Rouen, publiée par M. Floquet. — Histoire des Conards de Rouen, par M. Floquet. — Séance publique de l'Académie des sciences, belles-lettres et arts de Rouen (8 août 1851), par M. Guessard. — Translation des reliques de saint Florent de Roye à Saumur, par ordre de Louis XI, par M. Marchegay. — Critique de deux chartes de fondation de l'abbaye de Saint-Guillem du Désert (804), par M. Thomassy. — Notice historique et archéologique sur le prieuré de Saint-Loup de Naud (Seine-et-Marne), par M. Bourquelot. — Insurrection des serfs du prieuré de Saint Milburge de Wenlock, dépendant de la Charité-sur-Loire, vers 1163, par M. G. Eysenbach. — Trois abbés pour une abbaye, fragment inédit de la chronique de Saint-Martial de Limoges, sur l'année 1215, par M. Géraud. — Chartes inédites du huitième siècle, relatives à l'abbaye de Saint-Maur des Fossés, publiées par M. Bordier. — Revue de la garde féodale de Saint-Maur des Fossés en 1274. — Lettre en fran-

çais adressée à la commune de Saint-Quentin, par Jean de Ribemont (xiiiᵉ siècle).
— Des Edenates et de la ville de Seyne, par M. Deloye. — Essai sur l'histoire
municipale de la ville de Strasbourg, par M. Bernhard. — Priviléges de l'église
et de la ville de Tréguier, publiés par M. A. Barthélemy. — Arrêt relatif à la
fête des Innocents dans la ville de Tournay, en 1499, par M. Bourquelot. — Recherches sur l'insurrection communale de Vézelay, par M. Léon de Bastard. —
Observations sur la commune de Vézelay, par M. Bourquelot — Notice historique et archéologique sur le prieuré de Voulton, près Provins, par M. Bourquelot.—Bulle inédite du pape Jean VIII, en faveur de l'abbaye de Montieramey,
publiée par M. H. d'Arbois de Jubainville.

BIOGRAPHIE.

Détails sur la vie privée d'Anne de Bretagne, par M. Le Roux de Lincy. —
Thomas Basin, sa vie et ses écrits, par M. J. Quicherat. — François de Bonivard, chroniqueur genevois du seizième siècle, par M. Bordier. — Lettre écrite
de la part du pape Clément XI à l'abbé Bossuet, à l'occasion de la mort
de son oncle, publiée par M. Charles Tranchant. — Notice sur Jean Boutillier,
auteur de la *Somme rurale*, par M. Paillard de Saint-Aiglan. — Guillaume du
Breuil, auteur du *Style du Parlement*, par M. Bordier. — Notice historique et
biographique sur Jacques Brunier, chancelier d'Humbert II, Dauphin de Viennois
(1333-1348), par M. de Pétigny. — Recherches sur le chroniqueur Jean Castel,
par M. J. Quicherat. — Jean Coste, peintre du château du Vaudreuil. — Notice
sur M. Daunou, par M. B. Guérard. — Le Comte-Evêque, étude sur la vie de
Philippe de Dreux, cousin de Philippe-Auguste, comte et évêque de Beauvais
(1175-1217). — Lettres de rémission et de mainlevée en faveur des enfants mi-
neurs de Robert Estienne (1552), publiées par M. J. Quicherat. — Quittance
de Robert Estienne pour un à-compte en payement des caractères dits les
grecs du roi, publiée par M. Vallet de Viriville. — Les deux Fabas (1569-1654),
par M. A. Barthélemy. — Biographie de Robert de Fiennes, connétable de
France, par M. Garnier. — Notice sur Richard de Fourneval, par M. P. Paris,
de l'Institut. — Gauluet ou le sire de Gaules (1380-1423), par M. Guessard. — Notice sur Hercule Géraud. — Notice sur Guillaume Guiart, auteur
de la *Branche aux royaux lignages*, par M. Natalis de Wailly. — Inge-
burge de Danemark, reine de France (1193-1236), par M. Géraud. — Histoire de
Jeanne d'Arc, d'après une chronique inédite du quinzième siècle, par M. J.
Quicherat.—Fourniture d'un habillement à Jeanne la Pucelle, documents publiés
par le même. — Un épisode de la vie de Jeanne d'Arc, document inédit de
1429, publié par M. Vallet de Viriville. — Mercadier, par M. Géraud. — Biographie de Jean de Montagu, grand maître de France (1350-1409), par M. Lucien
Merlet — Philippe de Mornay, conseiller et chancelier de Philippe le Bel, par
M. Guessard. — Étienne de Mornay, chancelier de France sous Louis le Hutin,
par le même. — Cantique latin à la gloire d'Anne Musnier, héroïne du douzième
siècle, publié par M. Bourquelot. — De Guillaume de Nangis et de ses conti-
nuateurs, par M. Géraud. — Recherches sur Ogier le Danois, par M. P. Paris.
— Un épisode de la jeunesse de Pascal, par M. Cousin. — Jacqueline Pascal, par
le même. — Notice sur la vie et les écrits de Philippe de Navarre, par M. Beu-

gnot. — Mademoiselle de Roannez, par M. Cousin. — Une quittance de Pierre Schœffer. — Recherches historiques sur Agnès Sorel, par M. Vallet de Viriville.—Tancréde, par M. de Saulcy, de l'Institut.— Titres concernant Raimond du Temple, architecte du roi Charles V, par M. J. Quicherat. — Testament de François de Vendôme, vidame de Chartres (1560), par M. de Pétigny. — Rodrigue de Villandrando, par M. J. Quicherat.—Compte des dépenses de la chevalerie d'Alphonse, comte de Poitiers, par M. E. Boutaric. — Lettres patentes accordées par Charles VIII à Jacques de Sassenage, par M. Lucien Merlet. — Notice sur Simon de Quingey et sa captivité dans une cage de fer, par M. Salmon. — Arnoul, évêque d'Orléans, par M. de Certain. — Robert d'Arbrissel et Geoffroy de Vendôme, par M. de Pétigny, de l'Institut. — Lettre inédite de Robert d'Arbrissel à la comtesse Ermengarde, par M. J. de Pétigny (de l'Institut).— Textes restitués de deux diplômes de Charles VII, relatifs à la Pucelle, publiés par M. Vallet de Viriville.

MÉLANGES HISTORIQUES.

Traité conclu le 6 juin 1295 entre Éric, roi de Norwége, et Philippe le Bel, publié par M. Teulet. — *Liber domicilii*, ou compte des dépenses de la table et de l'écurie du roi d'Écosse Jacques V (1525-1533). — Chronique liégeoise pour les années 1117, 1118 et 1119, publiée par M. J. Quicherat. — Tentative d'enlèvement sur la personne du prince Djim (1487), publ. par M. Bordier. — Opuscule relatif à la peste de 1348, composé par un contemporain, publié par M. Littré, de l'Institut. — Nouvelles recherches sur l'apparition et la dispersion des Bohémiens en Europe et sur l'origine de ce peuple, par M. P. Bataillard. — Documents relatifs à l'histoire de l'Afrique septentrionale pendant le moyen âge, par M. de Mas-Latrie. — Charte de nolissement de l'an 1264 pour un voyage de Pise à Bougie, par le même. — Chartes inédites relatives aux États de Bougie et de Bône (1268, 1293, 1480), par le même. — Bulle inédite de l'an 1290, relative à la ville de Tlemsen, en Algérie, par le même. — Documents français de l'an 1254, émanant du sultan d'Alep, par le même. — Des relations politiques et commerciales de l'Asie Mineure avec l'île de Chypre, sous le règne des princes de la maison de Lusignan, par le même. — Des pèlerinages en terre sainte avant les croisades, par M. L. Lalanne. — Cartulaire du Saint-Sépulcre, par M. Ad. Tardif.

ARCHÉOLOGIE, DIPLOMATIQUE, ETC.

Inscriptions grecques et latines découvertes à Vaison ou dans les environs, par M. Deloye.—Inscription romaine trouvée à Metz en 1522.—Notice sur les layettes du Trésor des chartes par M. Teulet.—Addition au mémoire sur les tablettes de cire conservées au Trésor des chartes, par M. N. de Wailly. — Des registres du Trésor des chartes, par M. Douët d'Arcq.—Des erreurs de date contenues dans les registres du Trésor des chartes, par M. E. de Rozière. — Extraits des registres du Trésor des chartes, par MM. Teulet et Douët d'Arcq. — Notices de chartes ou de manuscrits appartenant au *British museum* de Londres, par M. Vallet de Viriville. — Notice sur les archives de Malte, par M. E. de Rozière. — Rapport au roi sur un projet de catalogue général des manuscrits des bibliothèques de France. — De l'organisation projetée des archives départementales. — Visite à la bibliothèque et aux archives d'Alençon, par M. Géraud. — Des monuments paléographiques concernant l'usage de prier pour les morts, par M. L. Delisle. — Documents sur les livres et les bibliothèques au moyen âge, par M. L. Delisle. — Catalogue de la bibliothèque du château de la Ferté au quatorzième siècle, publié par M. Ch. de Beaurepaire — La bibliothèque de Charles d'Orléans à son château de Blois en 1427, par M. Le Roux de Lincy. — Requête en faveur des bouquinistes (1697). — Des chartes lapidaires en France, par M. Deloye — Charte lapidaire du douzième siècle. — Notice sur une collection de sceaux des rois et des reines de France, par M. N. de Wailly. — Lettre à M. Beugnot sur les sceaux de l'ordre du Temple et sur le temple de Jérusalem au temps des croisades, par M. L. de Mas-Latrie. — Notice sur les monnaies et les sceaux des rois de Chypre de la maison de Lusignan, par le même. — Etudes sur l'iconologie du moyen âge, par M. Duchalais. — Etudes sur les monuments figurés du moyen âge, par le même. — Le rat employé comme symbole dans la sculpture du moyen âge, par le même. — Notes d'un voyage archéologique dans le sud-ouest de la France : Saintes, Cognac, Angoulème, Périgueux, Bordeaux, etc., par M. J. Marion. — Notice sur les églises de Verneuil-sur-Seine et de Médan (Seine-et-Oise), par le même. — Notes d'un voyage archéologique en Orient (Constantinople et Chypre), par M. de Mas-Latrie. — Devis des travaux de peinture exécutés dans l'ancien château royal du Vaudreuil en Normandie, en 1356. — Documents inédits sur Saint-Ouen de Rouen, par M. J. Quicherat. — Martin Cloistre et Benoît Bomberault, sculpteurs du seizième siècle ; histoire du tombeau élevé à Guillaume de Montmorency et à sa femme, Anne Pot, dans l'église Saint-Martin de Montmorency, par M. Anatole de Montaiglon. — Notice historique sur l'inventaire des biens meubles de Gabrielle d'Estrées, par M. E. de Fréville. — Inventaire des biens meubles et immeubles de la comtesse Mahaut d'Artois, pillés par l'armée de son neveu en l'année 1313, par M. le Roux de Lincy. — Notice sur un parement d'autel provenu de la cathédrale de Narbonne et conservé au Louvre, par M. A. de Montaiglon. — Calendrier perpétuel portatif dressé l'an 1381, publié par Géraud. — De la poudre à canon et de son introduction en France, par M. L. Lacabane. — Controverse à propos du feu grégeois, par M. Reinaud, de l'Institut, et M. Lalanne. — Notice sur les attaches d'un sceau de Richard Cœur-de-Lion, par M. L. Delisle. — Les crocodiles de l'hôtel de ville de Nîmes, par M. de Montrond. — Du musée du Louvre, par M. B. Guérard, de l'Institut — Essai sur les neumes, par M. Jules Tardif. — Inscriptions chrétiennes du Vivarais, par M. Auguste Paradis. — Anciennes chartes françaises conservées aux archives du département de la Vienne, publiées par M. Redet. — Catalogue des livres de l'abbaye de Saint-Père de Chartres, au onzième siècle, publié par M. L. Merlet.

Pendant que les membres de notre association prenaient une part plus ou moins active à la publication de la *Bibliothèque de l'École des chartes*, soit en insérant leurs travaux dans ce recueil, soit en s'occupant de le diriger, la plupart d'entre eux servaient la science et se faisaient connaître par des travaux individuels, dont la liste complète serait trop longue pour être mise sous vos yeux. Permettez-moi seulement, Monsieur le Ministre, de mentionner les plus importants, en tête desquels figurent les ouvrages du membre illustre dont la Société déplore la perte récente; je veux dire les ouvrages de M. Guérard, qui vous sont trop connus pour qu'il soit nécessaire d'en rappeler ici les titres ou d'en apprécier le mérite. Ceux de M. Burnouf, que la Société avait aussi l'honneur de compter parmi ses membres, ne sont assurément ni moins connus, ni moins remarquables; mais ils ne rentrent pas dans le cercle des études de l'École des chartes. C'est au contraire en suivant la direction de ces études que la plupart des membres de la Société ont marqué leur place dans la science, que M. de Pétigny et M. Floquet ont publié leurs beaux travaux, le premier sur *l'histoire, les lois et les institutions de l'époque mérovingienne*; le second sur *l'histoire du privilége de Saint-Romain* et *l'histoire du parlement de Normandie*. C'est encore dans l'ordre des travaux de l'École que se rangent les publications diverses et plus ou moins importantes de MM. Aubineau, Barbeu du Rocher, Boca, Bordier, Bourquelot, Cléophas Dareste, Delisle, Douët d'Arcq, Duchalais, Grandmaison, Guigniard, Himly, Lalanne, le Glay, le Roux de Lincy, Marchegay, de Mas-Latrie, Marion, de Montaiglon, de Montrond, J. Quicherat, de Rozière, Salmon, Adolphe Tardif, Teulet, Thomassy, Vallet de Viriville, Francis Wey.

III. Encouragements ou récompenses accordées aux membres de la Société.

Dès ses débuts, la Société reçut un encouragement bien précieux du ministre de l'instruction publique. Voici la lettre qui lui fut adressée par M. Villemain, le 6 juillet 1839 :

« Messieurs, j'ai lu avec un intérêt tout particulier la lettre que vous m'avez fait l'honneur de m'écrire, le 24 juin dernier, au sujet de l'association que les élèves anciens et nouveaux de l'École des chartes ont cru devoir former.

« Les associations littéraires ne peuvent avoir que d'heureux résultats, en servant à la fois à fortifier l'esprit des recherches utiles, et à prolonger entre des hommes distingués les relations commencées par des études communes. C'est vous dire, messieurs, que votre association est assurée de mon estime et de tous mes vœux.

« Dans la lettre que j'ai sous les yeux, vous appelez avec instance mon attention sur l'École des chartes elle-même : personne plus que moi n'est pénétré de l'importance de cet établissement, et je tiens à honneur de témoigner à l'École des chartes et à ses élèves l'intérêt bienveillant que vous réclamez pour eux. Je lirai, messieurs, avec grand plaisir, la notice que vous m'annoncez sur l'École des chartes, ses phases diverses et la condition des élèves admis dans son sein.

« Recevez, etc.

« Le ministre de l'instruction publique,

« VILLEMAIN. »

Non content d'applaudir à la formation de la Société de l'École des chartes, le ministre souscrivit pour trente exemplaires au recueil naissant, dont elle n'avait publié alors que deux livraisons seulement. Il voulut bien lui faire connaître sa décision en ces termes : « Je suis heureux d'a- « voir pu donner à la Société cette preuve de l'intérêt que mérite son « utile et savante publication. »

Au moment de terminer le second volume de cette publication, la Société reçut du ministre une marque nouvelle de bienveillance. La souscription du ministère à la *Bibliothèque de l'École des chartes* fut doublée par arrêté du 23 août 1841, et, depuis lors, elle n'a cessé, sous tous les régimes, d'être maintenue au même chiffre de soixante exemplaires. La Société a reçu en outre de vos prédécesseurs et de vous-même, Monsieur le Ministre, dans ces derniers temps, une part dans le fonds qui figure au budget de votre ministère sous le titre d'encourage-ments aux sociétés savantes.

Parmi les marques d'intérêt dont l'administration a jugé digne la Société de l'École des chartes, je ne crains pas de compter et de placer en pre-mière ligne la réorganisation de l'École en 1847. En accordant cette réor-ganisation à nos instances réitérées, la bienveillance de M. de Salvandy nous donna la récompense la plus précieuse que nous pouvions espérer de nos travaux; en choisissant tous les membres du corps enseignant de la nouvelle École parmi les élèves de l'ancienne, M. de Salvandy leur donna aussi un témoignage d'estime qu'ils n'ont pas oublié.

A côté de ces récompenses collectives obtenues du ministère de l'in-struction publique par la Société de l'École des chartes, il faut placer celles qu'elle doit aussi à une autre administration, au ministère de l'intérieur. Aux termes d'un décret du 4 février 1850, rendu sur la proposition de M. Ferdinand Barrot, les archivistes des départements doivent être choisis parmi les élèves de l'École des chartes. Ce décret, qui intéresse tant le service des archives départementales, est aussi d'un grand intérêt pour l'École des chartes et pour l'avenir de ses élèves. La Société aime à croire que ses travaux et ses efforts n'ont pas été sans influence sur la pensée qui l'a dicté.

De tels résultats obtenus par une société savante suffiraient presque seuls à marquer sa place et son rang. Mais la Société de l'École des chartes peut encore en citer d'autres. Et d'abord elle rappelle la précieuse collaboration que voulurent bien lui accorder, dès l'origine, plusieurs des savants membres de l'Institut. Cette faveur éclatante n'a jamais fait défaut à notre association, qui s'enorgueillit de compter au nombre des rédacteurs de son Recueil, MM. Augustin Thierry, Berger de Xivrey, Beugnot, Cousin, Dureau de la Malle, Ch. Giraud, Lebas, Lenormant, Letronne, Littré, Magnin, Paulin Paris, Pardessus, de Saulcy, de Wailly.

Si les efforts réunis des membres de la Société obtenaient de tels succès, leurs travaux individuels n'étaient pas moins honorés. L'Académie des inscriptions et belles-lettres, qui décernait le grand prix Gobert à notre confrère, M. Floquet, en 1843, l'accordait, en 1845, à M. de Pétigny, en 1851 et en 1852, à M. Léopold Delisle. Elle a couronné, à la suite de concours ouverts sur des questions spéciales, M. de Mas-Latrie et M. de Rozière. Elle a décerné à M. Duchalais le prix de numismatique fondé par M. Allier d'Hauteroche.

Dans le même temps, l'Académie française couronnait M. Guessard, et deux fois M. Cléophas Dareste de la Chavanne a triomphé dans les concours de l'Académie des sciences morales et politiques.

Le prix de linguistique fondé par Volney a été récemment partagé par un des nôtres, M. Ernest Grégoire.

Mais c'est surtout dans le concours des Antiquités nationales, qui s'ouvre annuellement à l'Académie des inscriptions et belles-lettres que les membres de la Société ont remporté de nombreux et brillants succès. Dans ce concours, dix-huit médailles ont été accordées aux membres ci-après nommés : MM. Lenoble, Paillard de Saint-Aiglan, Lalanne, Delpit, Bourquelot, Bernhard, Vallet de Viriville, le Roux de Lincy, Teulet, Marchegay, Leglay, Guessard, de Pétigny, Delisle, de Mas-Latrie, Jules Tardif, Célestin Port.

Plusieurs rappels de médailles et un grand nombre de mentions très-honorables et de mentions honorables ont été aussi accordés, soit aux mêmes membres de la Société, soit à d'autres.

Diverses académies, étrangères ou provinciales, ont aussi décerné des prix ou des médailles à MM. de Fréville, L. Passy, Paillard de Saint-Aiglan, Garnier, Alleaume et Cocheris.

Enfin, la Société a compté ou compte encore dans son sein, sur quatre-vingt-quatre membres, trois officiers de la Légion d'honneur et dix-huit chevaliers du même ordre. Trois de ses membres sont en outre décorés d'ordres étrangers.

IV. Fonctions rétribuées ou honorifiques, grades, titres et missions obtenus par les membres de la Société.

Deux des membres que la Société a récemment perdus, MM. Burnouf et Guérard, ont fait partie de l'Institut, et le premier est mort secrétaire perpétuel de l'Académie des inscriptions et belles-lettres.

La Société compte encore dans son sein un membre libre de cette Académie, M. de Pétigny, un membre correspondant, M. Floquet.

Huit membres de la Société ont été ou sont encore auxiliaires de la même Académie.

C'est parmi les membres de la Société qu'a été pris, comme il est dit ci-dessus, le personnel entier de l'École des chartes, savoir, les trois professeurs titulaires, le sous-directeur des études, les trois répétiteurs et le secrétaire-archiviste. Pour juger de l'importance des fonctions confiées aux professeurs et aux répétiteurs, il suffit de jeter un coup d'œil sur le programme si varié et si complet de l'enseignement de l'École, qui comprend :

La lecture et le déchiffrement des chartes et monuments écrits ;

L'archéologie figurée, embrassant : l'histoire de l'art, l'architecture chrétienne, la sigillographie et la numismatique ;

L'histoire générale du moyen âge appliquée particulièrement à la chronologie, à l'art de vérifier l'âge des titres et leur authenticité ;

La linguistique appliquée à l'histoire des origines et de la formation de la langue nationale ;

La géographie politique de la France au moyen âge ;

La connaissance sommaire des principes du droit canonique et du droit féodal ;

Enfin le classement des archives et des bibliothèques.

C'est surtout pour former des archivistes et des bibliothécaires que l'École des chartes a été instituée ; aussi un grand nombre de nos confrères ont été ou sont encore attachés à divers titres aux bibliothèques, dépôts d'archives et musées de Paris et des départements ; savoir :

BIBLIOTHÈQUE IMPÉRIALE. — Département des manuscrits : Un conservateur, un conservateur adjoint, un employé, cinq employés auxiliaires (travaux du catalogue). — Cabinet des médailles et antiques : un premier employé. — Département des imprimés : un sous-chef au bureau du catalogue.

BIBLIOTHÈQUE SAINTE-GENEVIÈVE. — Un conservateur.

BIBLIOTHÈQUE DE L'ARSENAL. — Un conservateur honoraire.

BIBLIOTHÈQUE MAZARINE. — Un attaché.

MUSÉE DU LOUVRE. — Un employé.

ARCHIVES DE L'EMPIRE. — Un chef de section, neuf archivistes.

ARCHIVES DES DÉPARTEMENTS dont les noms suivent : Allier, Aube, Eure, Eure-et-Loir, Hautes-Alpes, Indre-et-Loire, Loir-et-Cher, Maine-et-Loire, Nièvre, Nord, Rhône, Seine-Inférieure, Somme, Vienne. — Un conservateur adjoint, vingt-deux archivistes [1].

BIBLIOTHÈQUES DE MOULINS ET DE DIJON. — Deux bibliothécaires.

MUSÉE CALVET A AVIGNON. — Un conservateur.

Tout récemment le gouvernement de Lausanne a voulu avoir un professeur de paléographie : c'est à l'École des chartes de France qu'il l'a demandé.

Quatre membres de la Société ont été ou sont encore membres des comités institués près le ministère de l'instruction publique.

Cinq ont reçu le titre de correspondants.

Treize ont été ou sont encore attachés aux travaux historiques.

Six membres de la Société ont fait ou font encore partie de la commission des archives établie près le ministère de l'intérieur.

Dans le haut enseignement, la Société compte ou a compté parmi ses membres : un inspecteur général de l'enseignement supérieur, deux professeurs au collége de France, un professeur agrégé de la Faculté des lettres de Paris, un professeur à l'École des langues orientales, un professeur à la Faculté des lettres de Lyon, un professeur à la Faculté de droit de Toulouse, un professeur à la Faculté de théologie de Paris, un professeur à la Faculté de théologie de Bordeaux.

Dans la magistrature ou dans l'administration : un conseiller d'État, un premier président de cour impériale, un conseiller référendaire à la cour des comptes, un auditeur au conseil d'État, plusieurs sous-préfets et conseillers de préfecture, un chef et un sous-chef de cabinet du ministre de l'instruction publique, un secrétaire du conseil d'administration de la chancellerie, des attachés à divers ministères ou grandes administrations.

La Société compte dans son sein plusieurs docteurs en droit et docteurs ès lettres, un assez grand nombre de licenciés en droit et de licenciés ès lettres.

Plusieurs missions importantes, soit à l'étranger, soit en France, ont été remplies avec succès par divers membres de la Société. Quelques-uns ont été chargés d'explorer les bibliothèques ou dépôts d'archives d'Italie ou d'Angleterre; d'autres ont été chargés de classer, d'inventorier ou d'inspecter en France divers dépôts d'archives dans plus de dix départements.

Les manuscrits des bibliothèques d'Arras, de Metz et de Charleville ont été catalogués par M. Quicherat, ceux de Nancy par M. Thomassy.

[1] Plusieurs membres de la Société ont été successivement archivistes du même département; de là la différence entre le chiffre 22 et le nombre des départements.

Enfin la justice, soit en France, soit à l'étranger, a eu recours plus d'une fois, dans d'importantes affaires, aux connaissances spéciales et à l'expérience de plusieurs membres de la Société.

V. Situation financière de la Société.

En demandant l'honneur d'être reconnue comme établissement d'utilité publique, la Société de l'École des chartes doit éclairer l'autorité sur sa situation financière, et prouver que, par la bonne administration de ses affaires, elle n'est pas indigne de devenir une personne civile. Peü de mots me suffiront, Monsieur le Ministre, pour établir que, sous ce dernier rapport, la Société a mérité la faveur qu'elle sollicite.

Ses recettes, depuis son origine jusqu'à ce jour, se sont divisées en trois chapitres différents : 1° Souscription du ministère et allocation sur le fonds d'encouragement aux sociétés savantes ; 2° Produit des abonnements à la *Bibliothèque de l'École des chartes* ; 3° Cotisation des membres de la Société. Ces trois sources des revenus de la Société, loin de courir le risque de se tarir, ne peuvent, au contraire, que devenir plus abondantes. Une expérience de quinze années suffit à le démontrer ; le passé est ici le garant de l'avenir. Il est peu probable, en effet, que votre ministère retire à la Société de l'École des chartes la souscription qu'il lui accordait à sa naissance, et qu'il lui a constamment maintenue depuis. Il y a grande apparence, au contraire, que Votre Excellence voudra bien lui continuer et cette souscription, et la part qu'il l'a jugée digne de prendre dans le fonds d'encouragement.

Le second article de recette, qui est le plus considérable, n'a jamais cessé d'être à peu près le même depuis quinze ans. Il n'y a pas lieu de croire qu'il puisse s'accroître notablement, car une œuvre telle que la *Bibliothèque de l'École des chartes* s'adresse nécessairement à un public limité. Mais aussi il n'y a guère à craindre qu'il diminue de façon à compromettre le sort de l'entreprise : ici encore c'est le passé, et un passé de quinze ans, qui est le garant de l'avenir. La *Bibliothèque de l'École des chartes* a toujours regagné, et au delà, pendant cette période, le nombre des souscripteurs qu'elle a perdus, et que la mort seule a pu lui enlever pour la plupart. En effet, si le public qui s'intéresse à nos travaux est peu nombreux, il est, en revanche, constant dans ses affections et ne retire guère sa faveur une fois qu'il l'a accordée.

Quant à la cotisation que s'imposent les membres de notre Société, fixée d'abord au chiffre de 20 francs, elle a pu, au bout de peu de temps, être réduite de moitié. Cette troisième source de revenus ne peut que s'accroître, et s'accroît en effet constamment, à mesure que les nouveaux archivistes-paléographes viennent s'agréger à l'association.

Durant la période de quinze ans qui vient de s'écouler, nous avons vu périr plus d'une association littéraire ou scientifique; la nôtre n'a pas même été ébranlée. Loin de là, c'est dans les temps les plus difficiles, c'est à une époque de crise qu'elle s'imposait une dépense extraordinaire et une charge fort lourde en publiant la table décennale, qui clôt la seconde série de la *Bibliothèque de l'École des chartes.*

Il y a deux ans, elle a pu encore s'imposer une autre dépense extraordinaire pour publier le *Livret de l'École des chartes,* dont elle a eu l'honneur de vous adresser plusieurs exemplaires, et qu'elle joint encore à cette demande.

Pour pouvoir faire face à ces dépenses extraordinaires, la Société, qui n'a point de dettes, a dû nécessairement recourir à un fonds de réserve, qui est aujourd'hui fort minime, mais qui, cependant, n'est point épuisé. Par là il est démontré que le chiffre des dépenses ordinaires de la Société est inférieur à celui de ses recettes. Ces dépenses consistent presque uniquement en frais d'impression, achat de papier, brochage, etc., et remise au libraire qui est chargé de la vente et de l'envoi du Recueil.

Année moyenne, les dépenses ordinaires de la Société s'élèvent environ à 3,500 francs; ses recettes flottent entre ce chiffre et celui de 4,000 francs.

Ainsi, Monsieur le Ministre, depuis quinze ans la Société a reçu environ de 55 à 60,000 fr., qu'elle a reversés dans la circulation, contribuant ainsi, pour sa part et autant qu'il est en elle, non-seulement à servir les intérêts de la science, mais encore à alimenter et à faire vivre d'intéressantes industries.

C'est surtout pour l'administration de ses affaires et la gestion de ses modestes finances qu'il importe à la Société d'être habile à recevoir et à donner, de pouvoir placer ses épargnes en son nom, et, par là, d'éviter tous les embarras, toutes les difficultés qu'elle a eu à surmonter jusqu'à ce jour.

J'ose espérer, Monsieur le Ministre, que cet exposé sommaire de ses titres vous paraîtra suffisant pour lui mériter l'avantage auquel elle prétend, et que vous voudrez bien proposer à Sa Majesté l'Empereur le décret qui doit la placer au nombre des établissements d'utilité publique.

J'ai l'honneur d'être avec un profond respect,
Monsieur le Ministre,
de Votre Excellence,
le très-humble et le très-obéissant serviteur,

LE PRÉSIDENT DE LA SOCIÉTÉ DE L'ÉCOLE IMPÉRIALE DES CHARTES,

F. GUESSARD.

STATUTS

DE LA

SOCIÉTÉ DE L'ÉCOLE IMPÉRIALE DES CHARTES

Section I. — But de la Société.

Art. 1er. — La Société de l'École des chartes a pour but de créer entre les anciens élèves de cette École une confraternité studieuse, et de consacrer leurs efforts à la publication de mémoires et documents relatifs principalement à l'histoire de France au moyen âge.

Section II. — Composition de la Société.

Art. 2. — Peuvent seuls être membres de la Société : 1° les archivistes paléographes; 2° les anciens élèves pensionnaires ou boursiers de l'École des Chartes.

Art. 3. — Pour entrer dans la Société, il faut : 1° avoir fait recevoir un article destiné à être inséré dans son recueil; 2° avoir fait au président une demande écrite; 3° être présenté par deux membres; 4° être élu dans la forme indiquée en l'article suivant.

Art. 4. — Les membres de la Société sont convoqués *ad hoc* pour statuer, sur la demande d'admission à la séance qui suit celle où la présentation a eu lieu.

Il est voté séparément et au scrutin secret sur chaque demande.

L'admission ne peut avoir lieu qu'aux deux tiers des voix des membres présents, et au moins à douze voix.

Art. 5. — Les membres nouvellement admis n'ont voix délibérative dans les séances de la Société qu'un an après leur élection.

Section III. — Travaux et Administration de la Société.

Art. 6. — La Société publie un recueil spécialement destiné aux travaux de ses membres, et intitulé : *Bibliothèque de l'École des Chartes*.

Art. 7. — Les séances ordinaires de la Société ont lieu à des époques régulières qu'elle détermine.

Art. 8. — Elle est administrée par un conseil qu'elle nomme, et qui se compose : 1° du bureau ; 2° de la commission de publication ; 3° de la commission de comptabilité ; 4° de l'archiviste-trésorier.

Art. 9. — Tous les membres du conseil sont élus pour une année, sauf quand ils remplacent des membres décédés ou démissionnaires, auquel cas ils doivent compléter seulement l'exercice de leurs prédécesseurs.

Les membres sortants sont toujours rééligibles.

Art. 10. — Le conseil est convoqué, lorsqu'il y a lieu, et présidé par le président de la Société. — Ses délibérations sont consignées par le secrétaire sur le registre de la Société.

Art. 11. — Le conseil est juge de toutes les questions administratives d'urgence ; il statue en outre dans les cas imprévus qui lui sont soumis par le président. Ses résolutions ont force de règlement jusqu'à décision ultérieure de la Société.

Art. 12. — Le président rend compte à la Société des délibérations du conseil.

Art. 13. — Le bureau de la Société se compose du président, du vice-président et du secrétaire. En l'absence du président et du vice-président, le plus âgé des membres présents remplit les fonctions de président. — Le secrétaire est remplacé en cas d'absence par le plus jeune des membres présents.

Art. 14. — Le président autorisé par le conseil est le représentant légal de la Société. — Il est son mandataire dans tous les actes qui l'intéressent.

Art. 15. — La police des séances de la Société et du conseil appartient au président ; il convoque extraordinairement les commissions ou la Société entière lorsqu'il le juge nécessaire.

Art. 16. — Le président a le droit de présider les séances de toutes les commissions. En cas de partage, sa voix y est prépondérante.

Art. 17. — Le secrétaire fait les convocations, rédige les procès-verbaux des séances de la Société et est chargé de la correspondance.

Art. 18. — La composition et la direction littéraire du recueil appartiennent exclusivement à la commission de publication, qui admet ou rejette les articles, et détermine l'ordre dans lequel il seront publiés.

Art. 19. — La commission de comptabilité contrôle la gestion de l'archiviste-trésorier et autorise les dépenses qu'occasionnent l'impression et l'envoi du recueil. Elle donne son avis sur les autres dépenses qui doivent être votées par la Société.

Art. 20. — Chaque année les comptes arrêtés par la commission de comptabilité sont soumis par l'organe de son président à l'approbation de la Société, qui donne décharge à la commission.

Le rapport du président de la commission doit contenir un état détaillé de l'actif et du passif de la Société.

Art. 21. — L'archiviste-trésorier est dépositaire des collections de la Société et chargé de sa comptabilité.

Section IV. — Ressources de la Société.

Art. 22. — Les ressources de la Société se composent :
1° Des cotisations imposées chaque année à ses membres et fixées par elle ;
2° Du produit de ses publications;
3° Des encouragements accordés par le gouvernement ;
4° De tous les legs ou dons que la Société pourrait être ultérieurement autorisée à recevoir.

Section V. — Dispositions générales.

Art. 23. — Aucune délibération, aucun vote, ne peuvent avoir lieu dans les réunions de la Société, si le nombre des membres présents n'est pas de dix au moins.
Art. 24. — Le siége de la Société est fixé à Paris.
Art. 25. — Aucune modification ne pourra être apportée aux présents statuts que dans une assemblée générale convoquée spécialement.

La Société de l'École des Chartes spécialement convoquée a délibéré et adopté les présents statuts dans sa séance du 29 décembre 1853.

LE SECRÉTAIRE DE LA SOCIÉTÉ, RAPPORTEUR,
Charles TRANCHANT.

LE PRÉSIDENT DE LA SOCIÉTÉ,
F. GUESSARD.

LISTE DES MEMBRES

DE LA

SOCIÉTÉ DE L'ÉCOLE IMPÉRIALE DES CHARTES

PRÉSIDENT.

M. Francis GUESSARD, chevalier de la Légion d'honneur, professeur à l'École impériale des chartes, membre du Comité de la langue, de l'histoire et des arts de la France, établi près le ministère de l'instruction publique, lauréat de l'Institut (Académie française et Académie des inscriptions et belles-lettres), membre du conseil de la Société de l'histoire de France.

VICE-PRÉSIDENT.

M. Félix BOURQUELOT, ancien membre de la Commission des archives instituée près le ministère de l'intérieur, attaché aux travaux historiques du ministère de l'instruction publique, lauréat de l'Institut (Académie des inscriptions et belles-lettres), vice-président de la Société des antiquaires de France.

SECRÉTAIRE.

M. Charles TRANCHANT, ancien élève de l'École nationale d'administration, ancien auditeur au conseil d'État, ancien secrétaire du Conseil d'administration du ministère de la justice, avocat à la Cour impériale de Paris.

COMMISSION DE PUBLICATION.

MEMBRES ORDINAIRES.

M. Adolphe TARDIF, docteur en droit, sous-chef au cabinet du ministre de l'instruction publique et des cultes.

M. Léopold DELISLE, employé au département des manuscrits de la Bibliothèque impériale, attaché aux travaux historiques du ministère de l'instruction publique, lauréat de l'Académie des inscriptions et belles-lettres (prix Gobert).

M. Léon DE BASTARD D'ESTANG, chevalier de la Légion d'honneur, attaché au ministère des affaires étrangères.

MEMBRES SUPPLÉANTS.

M. Anatole DE MONTAIGLON, ancien employé au Musée du Louvre, membre de la Société des antiquaires de France.

M. Sainte-Marie MÉVIL, avocat, auxiliaire de l'Académie des inscriptions et belles lettres, employé auxiliaire au département des manuscrits de la Bibliothèque impériale.

COMMISSION DE COMPTABILITÉ.

M. Eugène JANIN, auxiliaire de l'Académie des inscriptions et belles-lettres.

M. Édouard GARNIER, archiviste aux Archives de l'empire, lauréat de l'Académie de Besançon et de la Société des antiquaires de la Morinie.

M. TEULET, chevalier de la Légion d'honneur et de l'ordre de Philippe le Magnanime, de Hesse; archiviste aux Archives de l'empire, auxiliaire de l'Académie des inscriptions et belles-lettres, lauréat de l'Institut (Académie des inscriptions et belles-lettres), se-crétaire adjoint de la Société de l'histoire de France, membre de la Société des antiquaires de France.

ARCHIVISTE-TRÉSORIER.

M. Charles MARTY-LAVEAUX, licencié ès lettres, sous-chef au Catalogue du départe-ment des imprimés de la Bibliothèque impériale.

————

MM.

ALLÉAUME DE CUGNON, avocat à la Cour impériale de Paris, lauréat de l'Académie de Caen.

Henri D'ARBOIS DE JUBAINVILLE, avocat, archiviste du département de l'Aube.

Léon AUBINEAU, chevalier de la Légion d'honneur, ancien archiviste du département d'Indre-et-Loire, l'un des rédacteurs du journal l'Univers.

AUDREN DE KERDREL, ancien représentant du peuple, ancien député au Corps légis-latif.

BARBEU DU ROCHER, lauréat de l'Institut (Académie des inscriptions et belles-lettres).

Anato e BARTHÉLEMY, conseiller de préfecture, secrétaire général de la préfecture des Côtes-du-Nord, correspondant du ministère de l'instruction publique.

Paul BATAILLARD, avocat.

Charles DE BEAUREPAIRE, archiviste du département de la Seine-inférieure.

Louis BOCA, archiviste du département de la Somme.

BOISSERAND DE CHASSEY, archiviste aux Archives de l'empire.

Henri BORDIER, avocat, ancien archiviste aux Archives de l'empire, ancien membre de la Commission des archives instituée près le ministère de l'intérieur, secrétaire de la So-ciété des antiquaires de France, membre du conseil de la Société de l'histoire de France.

BOREL D'HAUTERIVE, secrétaire de l'École impériale des chartes.

Edgar BOUTARIC, ancien élève de l'École nationale d'administration, archiviste aux Ar-chives de l'empire.

CAUSSIN DE PERCEVAL, officier de la Légion d'honneur, ancien conseiller d'État, pre-mier président de la Cour impériale de Montpellier.

Eugène DE CERTAIN, avocat.

Ch. CHARONNET, archiviste du département des Hautes-Alpes.

Eugène CHATEL.

COCHERIS, attaché à la Bibliothèque Mazarine, lauréat de la Société des Antiquaires de Picardie.

Marius CLAIRFONDS, ancien archiviste du département de l'Allier.

CUCHEVAL-CLARIGNY, licencié ès lettres, agrégé de l'Université, conservateur à la Bibliothèque Sainte-Geneviève, ancien rédacteur en chef du Constitutionnel.

Cléophas DARESTE DE LA CHAVANNE, docteur ès lettres, professeur à la Faculté des lettres de Lyon, lauréat de l'Institut (Académie des sciences morales et politiques).

Rodolphe DARESTE DE LA CHAVANNE, docteur en droit et docteur ès lettres, avocat au conseil d'État et à la Cour de cassation.

DAVID, conseiller référendaire à la Cour des comptes.

DELOYE, ancien attaché aux travaux historiques du ministère de l'instruction publique, ancien archiviste du département d'Indre-et-Loire, conservateur du Musée Calvet, à Avignon.

Martial DELPIT, ancien attaché aux travaux historiques du ministère de l'instruction publique, lauréat de l'Institut (Académie des inscriptions et belles-lettres).

Gabriel DEMANTE, docteur en droit, professeur suppléant à la Faculté de droit de Tou-louse.

DOUET D'ARCQ, archiviste aux Archives de l'empire.

DUCHALAIS, premier employé au cabinet des médailles de la Bibliothèque impériale, auxiliaire de l'Académie des inscriptions et belles-lettres, lauréat de l'Institut (Académie des inscriptions et belles-lettres), membre de la Société des antiquaires de France.

Henri DUPLÈS-AGIER, employé au catalogue de la Bibliothèque impériale.

Edmond DUPONT, archiviste aux Archives de l'empire.

L'abbé FAUDET, chevalier de la Légion d'honneur, docteur en théologie, ancien professeur suppléant à la Faculté de Théologie de Paris, curé de Saint-Roch, chanoine honoraire de Paris.

Amable FLOQUET, chevalier de la Légion d'honneur, ancien greffier en chef de la Cour royale de Rouen, membre correspondant et lauréat de l'Académie des inscriptions et belles-lettres (prix Gobert).

Ernest DE FRÉVILLE, auxiliaire de l'Académie des inscriptions et belles-lettres, membre de la Société des antiquaires de France, lauréat de l'Académie de Rouen.

J. GARDET, avocat.

Alfred GIRAUD, docteur en droit.

Léon GOSSIN, avocat à la Cour impériale de Paris.

Charles GRANDMAISON, archiviste du département d'Indre-et-Loire.

Adrien GRÉA, licencié en droit.

Philippe GUIGNIARD, bibliothécaire de la ville de Dijon, correspondant du ministère de l'instruction publique.

Étienne HÉRON DE VILLEFOSSE, archiviste du département de la Nièvre.

Auguste HIMLY, docteur ès lettres, agrégé de la Faculté des lettres de Paris, professeur d'histoire au collège municipal de Rollin.

HUGOT, archiviste de la ville de Colmar.

Alfred JACOBS, licencié ès lettres.

Arthur DE LA BORDERIE, avocat, chargé du classement des Archives de la Loire-Inférieure.

Léon LACABANE, chevalier de la Légion d'honneur, professeur à l'École impériale des chartes, conservateur adjoint à la Bibliothèque impériale, membre de la Commission des archives instituée au ministère de l'intérieur, membre de la Société des antiquaires de France.

LAGET DE HASENBAUMER, archiviste aux Archives de l'empire.

Ludovic LALANNE, attaché aux travaux historiques du ministère de l'instruction publique, rédacteur en chef de l'*Athenæum*, lauréat de l'Académie des inscriptions et belles-lettres.

L'abbé LEBEURIER, ancien professeur suppléant de dogme à la Faculté de théologie de Bordeaux, archiviste du département de l'Eure.

Edward LEGLAY, ancien conservateur adjoint des Archives du département du Nord, lauréat de l'Institut (Académie des inscriptions et belles-lettres), sous-préfet de Moissac.

LEROUX DE LINCY, chevalier de la Légion d'honneur, lauréat de l'Institut (Académie des inscriptions et belles-lettres), conservateur honoraire à la Bibliothèque de l'Arsenal.

Paul MARCHEGAY, ancien archiviste du département de Maine-et-Loire, lauréat de l'Institut (Académie des inscriptions et belles-lettres).

MARIN-D'ARBEL.

Jules MARION, attaché aux travaux historiques du ministère de l'instruction publique, membre de la Commission des archives instituée près le ministère de l'intérieur, membre de la Société des antiquaires de France.

Alfred DE MARTONNE, ancien professeur d'histoire au collège de Draguignan, archiviste du département de Loir-et-Cher.

Louis DE MAS-LATRIE, chevalier de la Légion d'honneur et de l'ordre sarde de Saint-Maurice et Saint-Lazare, chef de section aux Archives de l'empire, sous-directeur des études à l'École impériale des chartes, lauréat de l'Institut (Académie des inscriptions et belles-lettres).

Lucien MERLET, ancien élève de l'École nationale d'administration, licencié ès lettres et en droit, archiviste du département d'Eure-et-Loir, correspondant du ministère de l'instruction publique.

Maxime DE MONTROND, ancien auxiliaire de l'Académie des inscriptions et belles-lettres.

Stéphen MORELOT, avocat, ancien rédacteur de la *Revue de la Musique religieuse*, membre de la Commission des arts et édifices religieux instituée près le ministère de l'instruction publique et des cultes.

PAILLARD DE SAINT-AIGLAN, chevalier de la Légion d'honneur, lauréat de l'Académie de Bruxelles, sous-préfet de Dunkerque.

Louis PASSY, licencié en droit, lauréat de l'Académie de Rouen.

Jules DE PÉTIGNY, ancien conseiller de préfecture du département de Loir-et-Cher, membre libre et lauréat de l'Académie des inscriptions et belles-lettres (prix Gobert).

Célestin PORT, licencié ès-lettres, archiviste du département de Maine-et-Loire, lauréat de l'Institut (Académie des inscriptions et belles-lettres).

Jules QUICHERAT, chevalier de la Légion d'honneur, professeur à l'École impériale des chartes, membre de la Société des antiquaires de France.

REDET, archiviste du département de la Vienne.

Eugène DE ROZIÈRE, chevalier de la Légion d'honneur, avocat, ancien chef de cabinet du ministre de l'instruction publique et des cultes, répétiteur à l'École impériale des chartes, lauréat de l'Institut (Académie des inscriptions et belles-lettres).

André SALMON, archiviste honoraire de la ville de Tours.

Alfred SCHWEIGHŒUSER, licencié ès lettres, ex-employé auxiliaire au département des manuscrits de la Bibliothèque impériale.

Eugène DE STADLER, ancien archiviste aux Archives de l'empire, inspecteur des archives départementales et communales.

Amédée TARDIEU, licencié ès lettres, ancien géographe du ministère des affaires étrangères.

Raymond THOMASSY, ancien attaché aux travaux historiques du ministère de l'instruction publique.

Auguste VALLET DE VIRIVILLE, ancien archiviste du département de l'Aube, répétiteur à l'École impériale des chartes, lauréat de l'Institut (Académie des inscriptions et belles-lettres).

René DE VAULCHIER DU DESCHAULX.

Francis WEY, chevalier de la légion d'honneur, inspecteur des archives départementales et communales, président de la Société des gens de lettres.

Paris, 25 avril 1851.

LE PRÉSIDENT DE LA SOCIÉTÉ DE L'ÉCOLE IMPÉRIALE DES CHARTES,

F. GUESSARD.

LE SECRÉTAIRE DE LA SOCIÉTÉ DE L'ÉCOLE IMPÉRIALE DES CHARTES,

Charles TRANCHANT.